Voyager,
c'est promener son rêve.
Madame de Girardin

ISBN : 978-2-84799-174-1

Libris
17, rue Bayard, 38000 Grenoble
libris@libris.fr
www.libris.fr

Carnets de voyage
À cheval autour du monde

d'un certain Robert Simon
chirurgien-dentiste, peintre, sculpteur
& voyageur à ses heures

LIBRIS

Esquisse du cavalier

Que fait-il, ce cavalier arrêté, minuscule objet au pied du volcan Maïpo, dans la cordillère des Andes ? Est-ce qu'il remonte ses étriers ? Gratte-t-il affectueusement l'encolure de sa jument ? Ou cherche-t-il, recru de fatigue après trois heures d'ascension, un petit chocolat dans sa sacoche ? Non. Il dessine. C'est mon père. Robert Simon, chirurgien-dentiste pour l'état civil ; c'est toi : d'abord, et depuis toujours, un homme aux mains habiles, un artiste, dessinateur, peintre, bijoutier, sculpteur, un bricoleur un peu fou. Là, sur l'échine de l'Amérique du Sud, tu as dégainé ton feutre, et tu essayes d'attraper la Cordillère sur ton petit carnet Sennelier, 10 x 15 cm. Étrange marotte ! Saisir le globe à coups de crayon. Et à cheval. En dix minutes, c'est fait : d'une main légère, enlevée, presque cavalière, mais sûre, aussi sûre que ta main sur les rênes, tu as campé le décor, les chevaux, des *criollos*, la grandiose caillasse du Chili. Ce soir, un petit jus d'aquarelle ou de Nescafé complétera l'esquisse : les saignements ferrugineux de la Cordillère, les mauves du lointain et le vert manganèse d'une roche. À l'arrivée : un petit poème visuel.

Depuis longtemps, tu montes à cheval. Tu es devenu ce grand cavalier à qui les guides, d'un coup d'œil, confient les meilleurs chevaux. Depuis longtemps, tu dessines. C'est à toi que je dois ce dada ! Et depuis 1994, tu vas chevauchant les continents avec ton petit carnet en guise de viatique, du nord au sud et d'est en ouest ; qu'on juge des destinations : Mongolie, Sénégal, Russie, Chili... « Un jour, m'as-tu raconté, je m'aperçus que Delacroix et Géricault avaient croqué sur le même type de carnets ! » Excellents maîtres ! chapeau. Mais ces amateurs de chevaux, ces illustres, n'eurent pas la chance de galoper dans la steppe kirghize, de fuir une charge d'éléphants au Kenya ou de suivre, comme je l'ai fait avec toi, des chemins escarpés de contrebandiers sous le vol perspicace des condors qui suivaient l'odeur de viande boucanée que le cuisinier jetait dans la soupe au bivouac tandis que Pancho, le musicien bègue, interprétait la *Badinerie* de Bach sur son flûtiau ! Oui, quelle chance d'aller chevaucher aux confins herbus de ce monde ! Et partout, croquis, croquis, croquis. Voyager à cheval c'est voyager avec un cheval, créature exigeante et compliquée qui laisse peu de champ aux arts plastiques ; alors, tu dessines dès que tu peux, aussi prestement que tu peux : à la sieste, alors que chacun allonge un brin ses vertèbres sous un arbre ; après avoir abreuvé le cheval à l'étape, quand les voyageurs s'ébrouent ; le matin en attendant que tout le monde ait mis le pied à l'étrier, ou encore à la volée entre deux randos. Instants volés. Dessins inachevés, aériens, justes, plus suggestifs qu'exhaustifs. Tu dessines tout ce qui bouge – les gens du cru (quand il y en a !), les animaux, les chevaux, bien sûr, tous les chevaux, tu es inlassable à cet égard – et tout ce qui ne bouge pas : un village espagnol assoupi, une montagne sans nom coiffant les croupes des chevaux en pâture, ou le bel arbre hachuré de lumière à l'heure de la méridienne.

Jamais tu n'as pensé à publier ces carnets. Jalousement, tu les montrais lors des haltes à tes acolytes de voyage, comme on confie des secrets. On a beau être modeste, l'orgueil sort ses médailles quand les badauds s'extasient. Et l'on ne boude pas son plaisir de voler la vedette aux photographes : « Ah, un dessin, c'est une autre histoire ! » Au retour, tu les glissais entre les mains de quelques amateurs. Entre nous, ce rituel : tu me montres tes carnets de voyage – ton butin qui sent le crottin de cheval. Tu me racontes des histoires encore fraîches. Nous devisons de paysages et de cet ailleurs qui nous tenaille si étroitement qu'aucun voyage ne rassasie cette soif. Je contemple avec une joie de gamin ces petits bouts de papiers griffonnés et colorés qui ont fini par constituer, à la longue, *un art poétique en selle*. Un jour, je t'ai proposé de les publier. Ta pudeur a rouspété pour le principe, mais tu as fini par convenir que les amateurs de chevaux et d'espaces libres pourraient y trouver matière à partager ces voyages, à repartir, dans le papier ! Repartons !

SIMON (fils) 2007

T A R T
Regn.
REGN
TIBET
Radoe

Mongolie

Un jour, je fis une chute de cheval, ma cheville coincée : fracture de la malléole externe. Deux vis. Puis je lis dans le journal « … le dernier peuple nomade sur la terre… peuple à cheval… ». Je veux les visiter, je les visiterai dans un mois, les descendants de Gengis Khan, peuple d'éleveurs, pacifique ! La Mongolie : entre l'ours (russe) et le dragon (chinois), ce peuple à cheval est resté coupé du monde jusqu'en 1990. Je les ai vus enfin. Là où nous étions : « Les chevaux ont des ailes. » Les petits chevaux mongols ont une sobriété et une résistance légendaires. Incomparable sous la selle et attelé, en montagne, à cause de son pied sûr, ce cheval a le front large, souvent il boit dans son blanc, sa crinière se dresse, ébouriffée ; il a des fanons noirs. Le toupet manque souvent ; il est court jointé avec des sabots durs et résistants (pas de fers). La robe est bien fournie avec le poil long. Hauteur du garrot entre 122 et 142 centimètres.
Nous avons galopé dans la steppe d'Asie infinie, en chantant les mêmes musiques que la soldatesque de Temüdjin, le grand Khan, Gengis Khan.
Le Transsibérien va-t-il me réveiller cette nuit, comme la précédente ? Le Naadam est terminé, inoubliable steppe couverte sur 180 degrés de cavaliers et de chevaux, dix mille et nous. Quatre cents jeunes cavaliers ont parcouru au galop trente kilomètres… Pour chaque cavalier une selle cosaque et deux chevaux. Et en route dans le soleil de l'immense steppe avec montagnes et rivières d'eau vive pendant six heures sans halte chez les éleveurs. (La nourriture à base de mouton bouilli froid, ça ne passe pas.) L'estomac chargé de lait de jument, la gourde pleine de ce même lait, très riche, je sangle mon étalon bai brun, un fonceur toujours en tête : le cavalier qui passe avec quatre poulains à la longe, c'est Julien (mon fils). Il lance en l'air des bouts de gras que les rapaces attrapent au vol. Ce cavalier qui galope en compagnie d'un Mongol à chemise rouge, fonçant à travers les gués, les marais, la caillasse, c'est moi dans la vaste vallée de l'Orkon. Bayerla tim saim banou. On plante la tente parmi un troupeau de yaks, vaches moutons chèvres chevaux, les bergers tous à cheval jusqu'au plus jeune qui apprend à marcher.
Puis, j'irai suivre le parcours de Laurence d'Arabie avec mes amis les Bédouins de Jordanie, puis encore traverser l'impénétrable cordillère des Andes, puis visiter les Lapons en Norvège, les cow-boys mormons dans le Far-West, et la forêt équatoriale du Costa Rica, et les grands animaux du Kenya, insatiable…
L'équitation n'est pas un sport… mais un art de vivre.

ci-dessus
Galop à trois en chantant les airs du temps de Gengis Khan, *Temüdjin*.

à gauche
Le *naadam,* célèbre course à cheval ; certains Mongols sont partis depuis un mois pour y assister. Dans la foule tout à cheval, oh ! la belle cavalière, je sors vite mon crayon, sans mettre pied à terre.

page de droite
Préparation du bivouac dans la steppe.

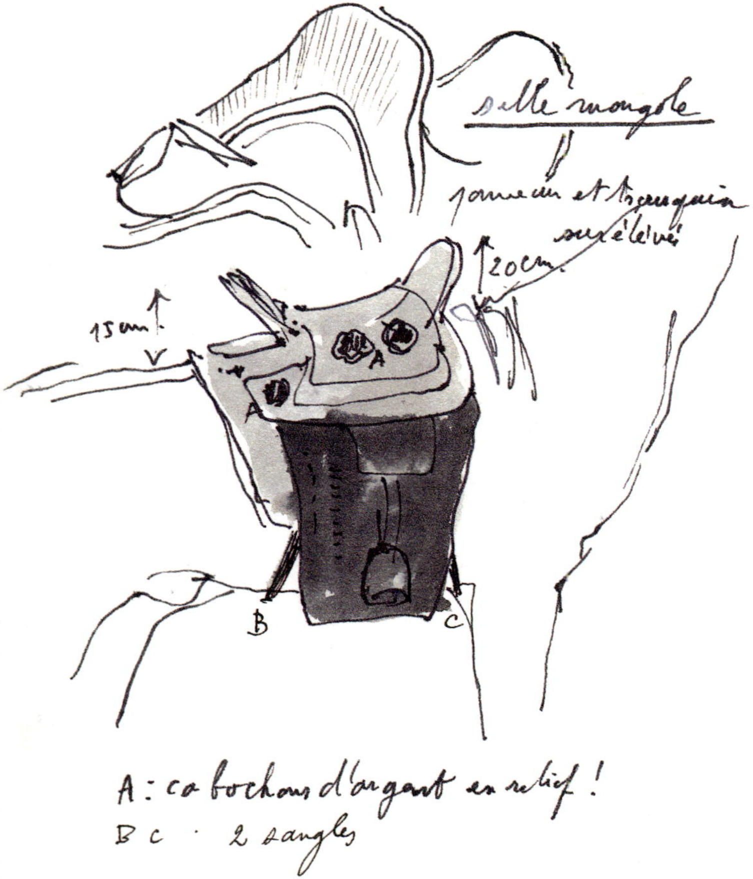

ci-dessus
Le cheval de Mongolie n'a pas de ferrure, ni pansage, ni parage des pieds.

ci-contre
La selle mongole ne convient pas à notre assiette, on nous donne des selles cosaques.

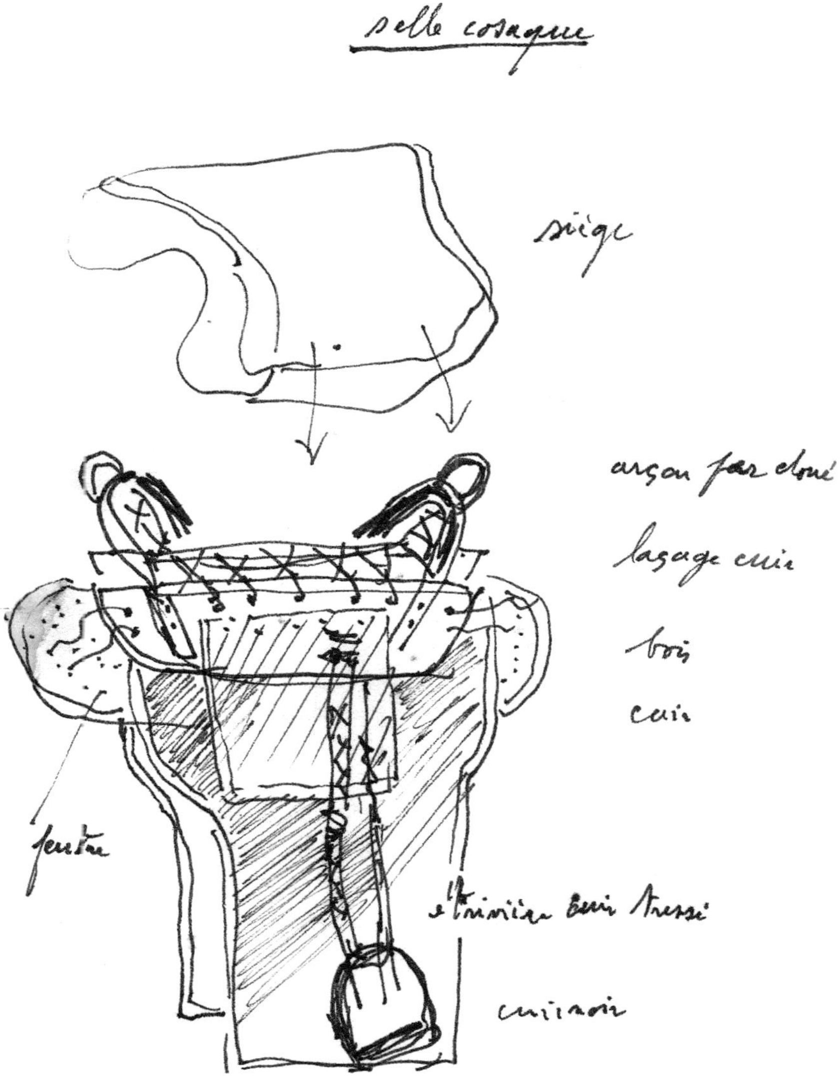
selle cosaque
siège
arçon par cloué
laçage cuir
bois
cuir
feutre
étrivière cuir tressé

Soyombo
idéogramme emblème national

ci-dessus
L'opéra d'Oulan Bator,
séquelle de l'architecture soviétique.

à droite
À l'ombre des arbres – rares –
de la steppe.

mounting effortlessly
he cantered off

livraison de lait dans une bourgade

ci-dessus
Dans la yourte.

page de gauche, en haut
Livraison du lait dans une bourgade.

page de gauche, en bas
Les trois gamins à qui j'offre,
à leur grande surprise, des ballons
de baudruche.

ci-dessus
Dans la steppe d'Asie centrale,
on monte les jambes pliées.

ci-dessus
Aux abords du temple bouddhiste tibétain.

à droite
Les bonzes allument l'encensoir.

ci-dessus
L’enfant qui garde les chameaux porte
le chapeau traditionnel et le *del* (manteau).

ci-contre
La cloche du monastère.

janvier février 1991
longitude est 20°
latitude ≃ 0°
altitude ≃ 1200 (SOSUA 2300 m)
θ 15–30°
XXX
Nairoby
Narok
Loita hills
Mara (fleuve)
vallée
acacia
figuier de Barbarie
cactées
aloès

Kenya

Le soir, les gardes masaï préparent des feux pour éloigner les fauves ; ils veilleront toute la nuit avec arcs et lances. Les lions se sont fait entendre. Le matin, les oiseaux de proie tournent au-dessus d'une clairière proche. Le guide : « En silence, à pied, suivez-moi, j'ai le fusil. » À trois cents mètres, les lions viennent de partir, l'herbe est rouge de sang. Il reste quatre sabots, un crâne, et la queue d'un zèbre.

Au grand jour, sous l'équateur, mais l'altitude tempère bien la chaleur, nous chevauchons dans la brousse ; ils sont là, devant nous, les oreilles dressées, comme des jouets en peluche ; ils nous regardent approcher… quelques centaines de zèbres ; soudain une sorte d'aboiement, comme d'un chien enroué : volte-face, ils fuient. Nos chevaux se prennent au jeu… la course…

Dans la frénésie d'un « galop de chasse » (sans fusil !) – *extended canter* – je me jure de ne plus jamais mettre les pieds dans une ménagerie, devant des cages…

Ils sont si beaux, mon ardent cheval perd pourtant du terrain, il a un handicap de soixante-dix kilos sur l'échine…

Puis les éléphants du paradis nous chargèrent, les crocodiles nous obligèrent à traverser plus loin… et les villageois se cachèrent derrière les acacias : ils n'avaient jamais vu de cheval de leur vie. En effet, le cheval (contrairement au zèbre) n'existe pas ici à l'état naturel. Nous finissons par attirer quelques adolescents et les montons sur nos « anglo-somali ». Et nous visiterons le village masaï – le même qui apparaît sur les fresques néolithiques du tassili des Ajjer. On capture un veau, un tir de flèche dans la jugulaire permet de recueillir une calebasse de sang qui se déguste avec du lait… On relâche le veau après avoir collé à la glaise la blessure…

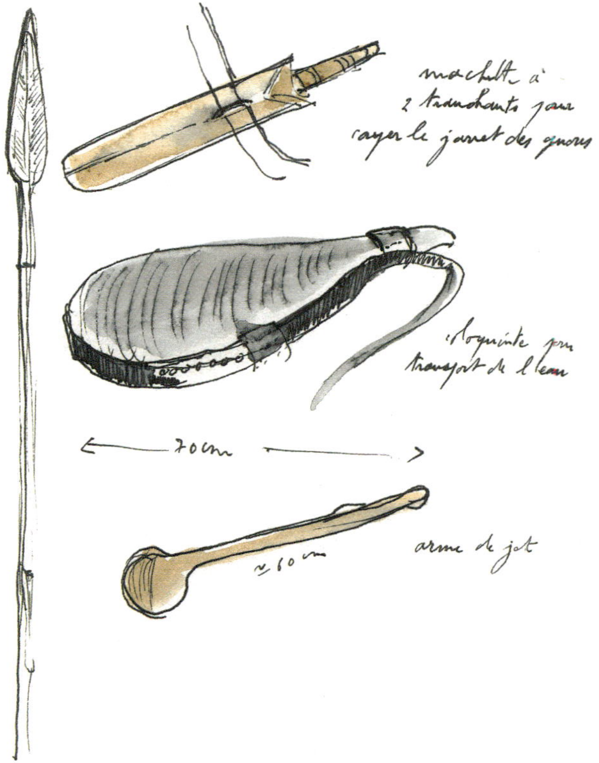

ci-dessus
Équipement du berger masaï.

ci-contre
Le *Yellow fever tree* : les premiers explorateurs à la recherche des sources du Nil s'abritaient sous ces arbres gigantesques et contractaient une fièvre transmise par de minuscules insectes invisibles.

les circoncis à la recherche de ♀

à gauche
Deux jeunes hommes hagards, sous l'effet d'une drogue, ont été circoncis. Ils sont chassés de la tribu et vont à la rencontre d'autres tribus pour trouver une épouse. Ils portent une coiffure simulant la crinière du lion ainsi que de nombreuses clochettes fixées aux mollets.

Les gardes

les femme du village viennent vendre leur pacotille

vautour à dos blanc
leopard turtle
antilope Hirola
oryx
phacochère

Cape Buffalo
hyène tachetée
genette passant à mes pieds pendant que je lis sous la lanterne
100
100 cm.
crowned crane
ground hornbill
black bellied bustard

Trois félins dévorent vivante
une antilope.

C blanco
S. Michael
Volcán de Maipo

Chili

Les chevaux criollos sont les seuls à pouvoir franchir la redoutable cordillère des Andes. Le guide a conduit le dernier troupeau de bœufs d'Argentine au Chili ; il est le seul à connaître les passages. À sa mort, on ne franchira plus la Cordillère qu'en avion.

Dans ce monde minéral une petite tache d'herbe pour la tente ? Non, ce sont des épines. Ce petit ravin : je descends pour me laver ; sur le sable fin les empreintes du puma – pas de toilette !

Seule vie apparente, les guanacos, cousins des lamas et des vigognes, et les condors.

On verra ferrer un cheval difficile, entravé à trois jambes, on le couche : les cavaliers courent aux sacoches, « photo, photo ! » Le ferrage très dangereux est si rapide qu'il n'y aura pas de « photo ». Seul le carnettiste a sorti à temps son petit feutre à dessin – vanité.

Débourrage du cheval criollo – idem pour la mule : à partir de trois ans, capture au lasso, on l'enferme dans le corral. Capuchon, entrave à trois pieds et pose d'un licol, attaché à un poteau central. Deux gauchos montés serrent le poulain sellé. Un troisième gaucho se glisse. Mise en selle : rodéo…

On ajoute une embouchure en corde avec rênes et muserolle.

Dans la même semaine, sortie encadrée par des montures bien mises.

Plusieurs mois plus tard on remplacera l'embouchure par un mors en métal.

Un hongre sellé une vingtaine de fois sera considéré comme dressé. On va le ferrer des quatre pieds, soit debout à l'anglaise, à la française ou couché selon la difficulté.

Je reste en selle mais
je sors mon carnet.

campement de
real seguimonte

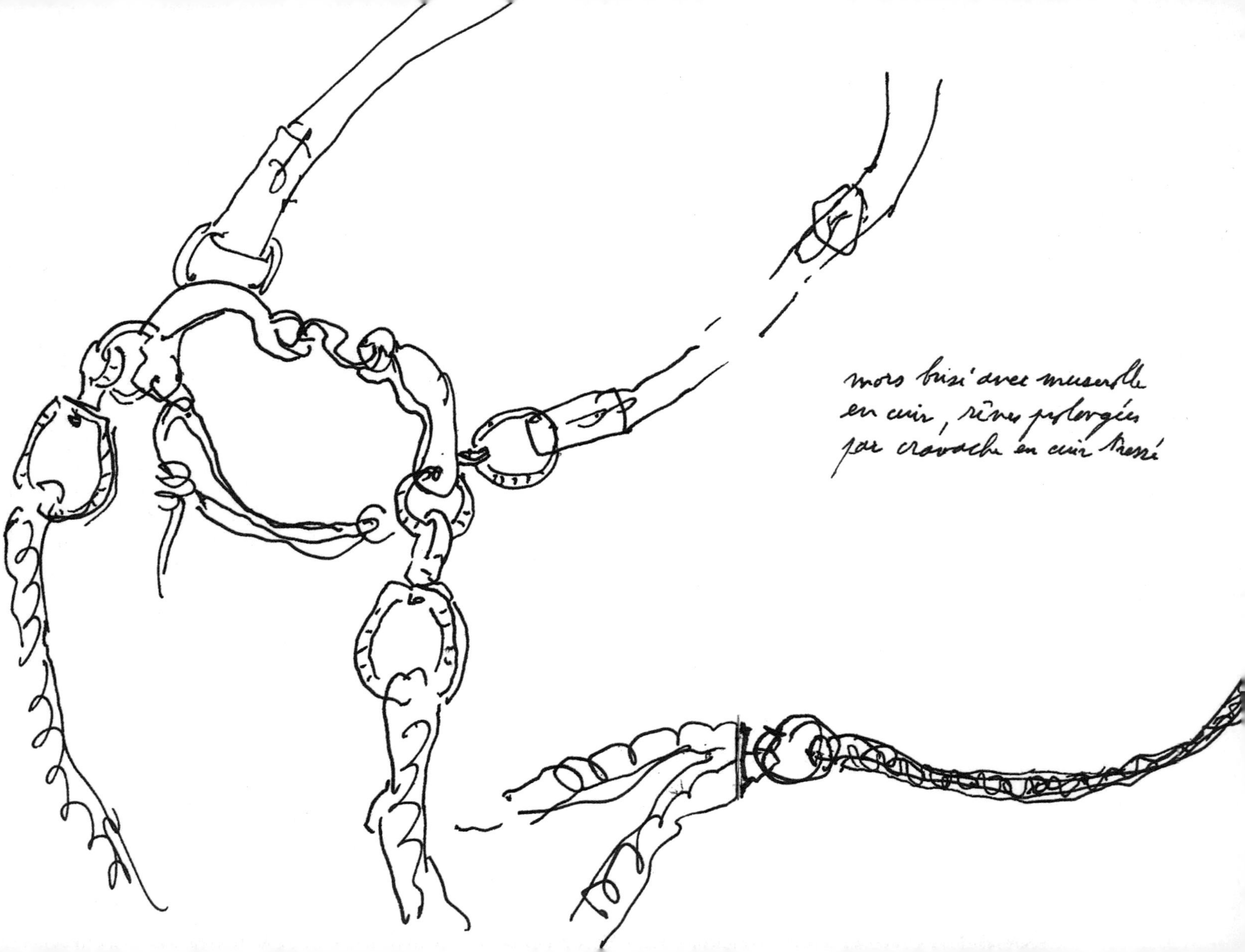
mors brisé avec muserolle
en cuir, rênes prolongées
par cravache en cuir tressé

ci-dessus et page de droite
Le vieux guide jadis convoyait
les troupeaux d'Argentine au Chili.
Il est le dernier à connaître
ces parcours redoutables.

Don . . . le braconnier qui dîne et chante avec gendarme

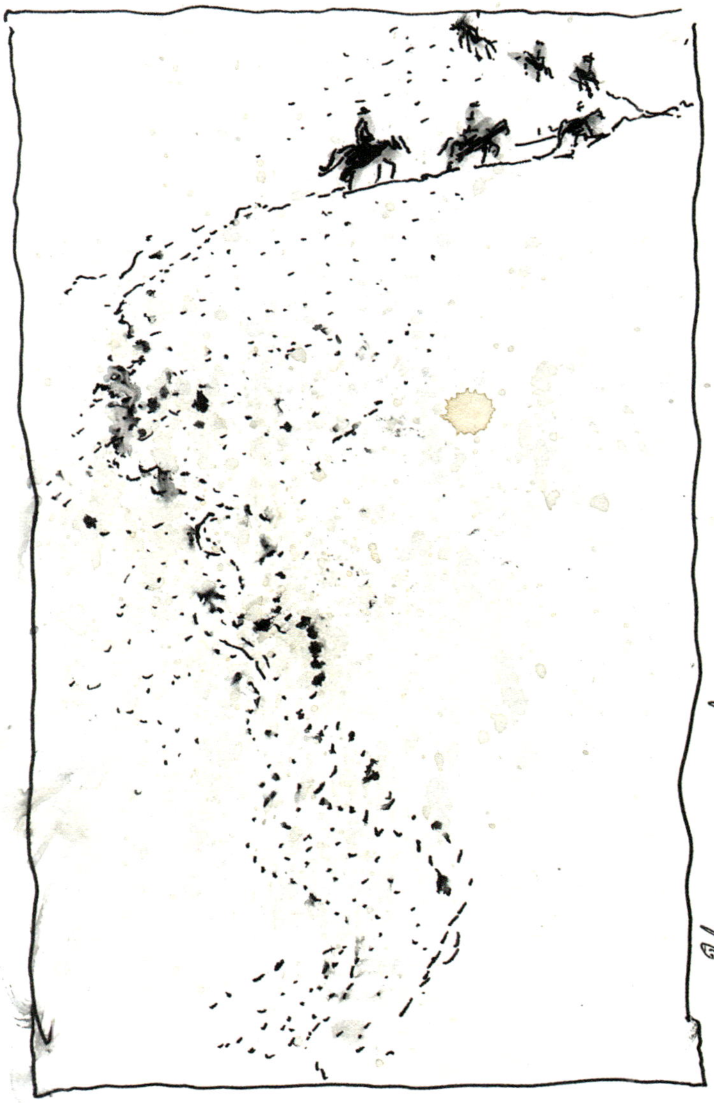

Usque ascendere . . .

carabineros de Chile
AVANZADA
CRUZ DE PIEDRA

ASIÆ PARS
Anian Reg.
AMERICA
I. de los Ladrones

États-Unis

Colorado : le far-west, les canyons, les arbres géants, les serpents à sonnette. Le cow-boy moderne prend son semi-remorque, part sur la piste… Quand elle devient impraticable, il sort son cheval du *trailer*, son lasso, à manger pour trois jours, à la ceinture, non pas un revolver mais un outil à tout faire, et il va visiter les chevaux en liberté, délivrer un veau du barbelé, ramener les bêtes égarées…

La monture est le robuste quarter horse équipé de selle western qu'on sangle avec le « nœud de cravate ». Le pommeau permet de bloquer le lasso mais interdit le *rising trot*, le trot enlevé. Le quarter horse est « fort en croupe, tout en muscle, apte au démarrage rapide et au galop rassemblé ».

Les Indiens navajos ont perdu leurs plumes et pris énormément de tour de ceinture.

Et nous galopons dans l'immense Amérique des *westerns* de l'enfance. Il y a un village avec *saloon*, rue et tous les clichés… On y tourne les films modernes – nous nous photographions et chantons « Take me back to my boots and saddle ». Ce soir, les épouses de nos cow-boys mormons feront le dîner et puis le *square dance* pour tous près de la « Virgin River » après avoir chassé les serpents à sonnette.

L'apothéose : le grand galop final, vingt cavaliers en ligne, jusqu'au bord du Grand Canyon.

Nous verrons partir les quarter horses dans un *trailer*, semi-remorque *up to date*. Puis notre ridicule minibus tombe en panne, pas de cric, et tous ces chiens autour ?… – midi, très chaud, soif – ces chiens, ce sont des coyotes ! On s'enferme. Une pancarte : « Les Rangers ne portent pas de secours dans cette zone. » Plus tard, l'autre minibus retournera nous chercher : sauvés !

Le lac Powel.

Les Indiens navajos aujourd'hui.

Monument Valley.

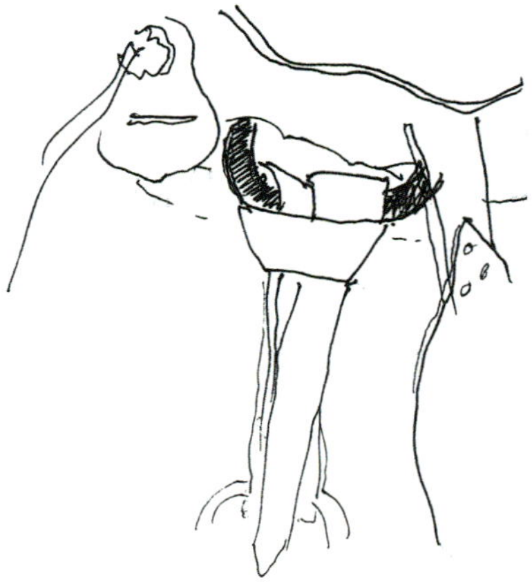

ci-dessus
La selle western.

ci-contre
Nœud de cravate de la sangle.

campside of Sleep crip river

Frèkels

Jeff

Jeff

Dixie National Forest avec genévriers,
armoises, petits chênes, pins *penderosa*,
trembles *aspens,* et attention
aux serpents à sonnette !

ci-dessus
Préparation des rations pour
les quater horses.

ci-contre
Tempête de sable en descendant
le Bryce canyon.

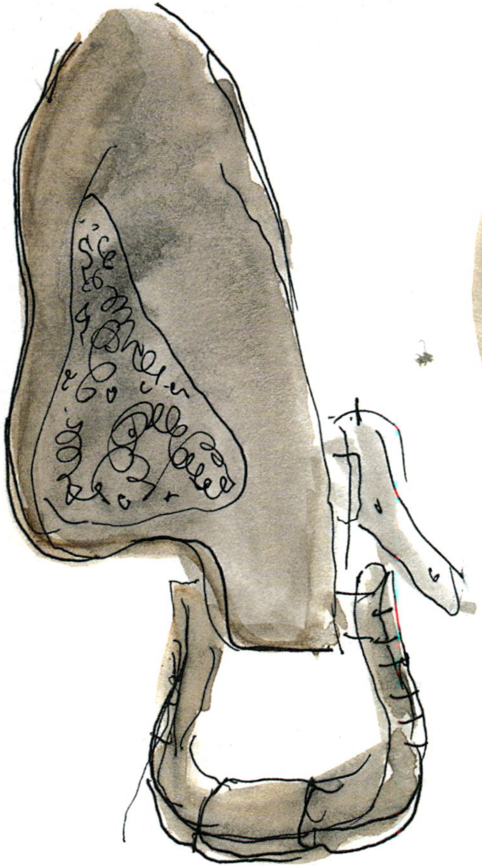

Julia fait la sieste avec Trekelo

(the aermotor Chicago)
ARIZONA
STATE LINE

Desert
Chemin de fer
Ouedj
Cancer
Rabigh
Mououaih
Halaib
Safa
Riad
Dilam
Ghail
Hamar
Laila
Monarchie parlementaire, moins de six millions
d'habitants – Jordaniens, Palestiniens, bédouins –
Ressources : potasse, phosphates, industrie pharma-
ceutique ! fruits et primeurs, tourisme. Pays très
de la femme "archaïque".

Jordanie

Au premier voyage, je n'ai pas vu le paysage, trop accaparé par un cheval ardent. Je suis revenu me baigner dans le jaune de chrome et les ocres multiples, les bruns, les terres d'ombre et les Bédouins m'ont dit : « Tu reviens quand tu veux, tu auras toujours un cheval » dans la paix totale du désert.

La sœur de la reine nous a fait préparer le thé dans son haras qu'on nous fait visiter. Ce qui nous vaut cet honneur est notre amour commun pour le pur-sang arabe bédouin.
Depuis la mer Rouge, qui est indigo, sur les traces de Laurence d'Arabie – lequel montait une chamelle blanche – jusqu'aux mystères de Pétra, le pur-sang me fait voler sur un tapis magique, les autres cavaliers sont au loin, et le reste du monde aussi.
Tous ces pur-sang sont pour moi les plus beaux du monde. Ils ne sautent pas les obstacles des concours, mais ils galopent dans le désert infini. On ne les verra pas aux courses de trot attelé, mais ma jument se monte sans étrier. La guide – blonde de France qui les élève ici – les monte à cru si le garrot est écorché ; elle prépare le concours international d'endurance.

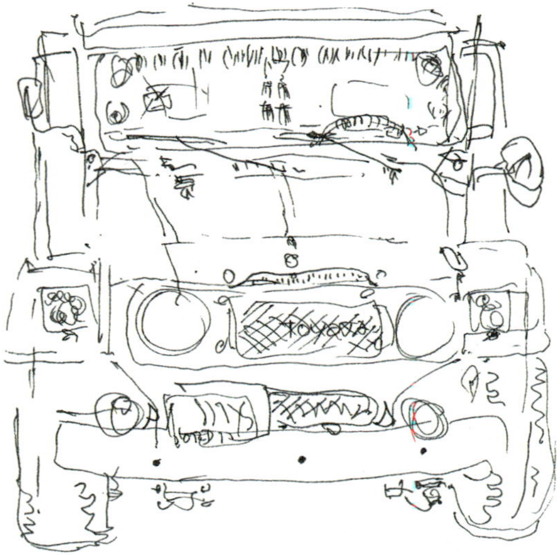

ci-contre
Le Bédouin sous sa tente.

page de droite
Le pur-sang arabe bédouin.

Wadi Rum 11.200
Jordanie

Wadi rum village chez Emmanuelle

ci-dessus
Ma monture fait la sieste.

page de droite
Plein soleil, on part.

ci-dessus
La mer Rouge est bleu indigo.

page de gauche
Coup de vent à Aquaba.

Zagora février
deux mille trois
Porte du désert
Tombouctou
à 52 jours
de dromadaire
AYOOR = LA LUNE

Maroc

Il est le roi de la fantasia. Celui des montagnes, petit, trapu, celui du désert plus fin et élancé, dont on dit qu'il a de « l'air sous le ventre », celui des hauts plateaux riches, proche de l'andalou par sa morphologie. Le *stud book* rouvert en 1989 est divisé en deux sections : le barbe pur et l'arabe barbe. Le barbe est très différent de l'arabe, il est moins gracieux, plus anguleux. Il est solide, courageux, doux et sociable. Il possède à la fois du sang et de la sagesse, qualité d'un bon cheval d'école. Bonnite, le meilleur cheval d'instruction de Louis XIII, était un barbe. Endurant et résistant, il se contente de petites quantités de nourriture, et « si la forme extérieure n'est pas toujours engageante, l'influx nerveux et les poumons sont de tout premier ordre », disait-on. Beaucoup utilisé en randonnée, il commence à se distinguer en concours d'endurance. Shabaya al Shata, huit ans, est arrivé quatrième aux 160 km de Florac en 1995. Il mesure 1,55 m. Sa robe est grise, baie ou alezane, ses crins sont abondants et épais. Sa tête, assez forte, est chargée en ganache ; son profil est légèrement busqué, sa croupe avalée et sa queue attachée bas. Sa poitrine est haute et large, son dos tendu et tranchant, son encolure est épaisse et courte. Ses pieds sont secs et petits.

Très vite nous sortons du monde ; au Sahara il ne subsiste qu'une seule question : la prochaine pluie, quand ? Les jardiniers de la palmeraie l'attendent et ce soir, avant la nuit, il faudra trouver impérativement le puits ; c'est là-bas, les filles abreuvent leurs ânes et remplissent les bidons – dans les dunes, j'effectue avec mon barbe gris pommelé un « soleil » involontaire, nous nous relevons indemnes ! Il n'y avait pas de caméra. Nous sommes loin de tout. Une cavalière fera une chute, hurlement – le GPS est-il dans la sacoche ? – mais un cavalier médecin fera le diagnostic, luxation de l'épaule, et la réduction.

الفارس

el Forsem el Fares

ci-dessus
Traversée d'un ksar
dans la touffeur de midi.

page de gauche
El Forsem el Fares.

Fendamba
Tempête de sable

page de gauche
Tempête de sable, les chevaux sont mis
à l'abri dans le *fundonk*.

Nous partirons vers 3 heures
jusqu'au couchant.

Rissani
Avril deux mille

ci dessus
Crépuscule du soir.

ci-contre
En plein désert, une enceinte, et une pancarte : café, restaurant, comidas, possibilité dormir, "piscine", camping.

page de droite
À l'ombre de l'acacia dans le Sahara.

halte sous les acacias

Russie

COMMENT LE GÉNIAL STRATÈGE A-T-IL PU ENLISER son armée dans l'hiver russe ?... J'ai voulu entrevoir, mais avec l'estomac plein et des habits chauds (-30 °C le matin), la chevauchée de ces soldats défaits dans la neige.
Le cheval aujourd'hui permet ces voyages dans la géographie extrême et l'histoire lointaine.
Six cents kilomètres au nord de Moscou, février, nous sortons de l'isba ; les matrones amènent les montures. Grande jument Orlov qui va galoper des kilomètres dans la forêt infinie de bouleaux, dans la poudreuse puis sur le lac gelé – sur lequel en perçant la glace on pêche et puise l'eau. Moins trente degrés, et je pense aux pitoyables soldats napoléoniens.
La troïka a perdu – la neige amortit les bruits – deux passagers. On me charge de les chercher, deux points noirs au loin ; vite – attention, la nuit serait fatale – au galop... Avant la nuit, les chevaux à l'abri sous des couvertures de dix centimètres d'épaisseur... Je retire mes trois paires de gants et tout le reste. De fortes matrones logent les chevaux dans une tente comme un petit cirque et les sortent le lendemain tout sellés. Le froid durcit les cuirs, nous serions incapables de sangler nous-mêmes. Dans les villages de la Russie post-soviétique on voit les installations abandonnées des kolkhozes. Les rares villageois vivent dans la traditionnelle *izba* qui comprend l'étable, les dépendances sous un seul toit. La pièce principale – on y accède par deux sas, on enlève la neige des chaussures avec un balai, puis on entre en chaussette ; le calorifère central est une maçonnerie.
Il fait encore jour ; nous visitons le village ; un passant avec son traîneau à cheval, des écoliers – nous esquissons une bataille de boules de neige, en vain – les piétons ont l'air de « chiens battus », pas un regard, pas un salut... Les coupoles du monastère-musée sont de nouveau couvertes à la feuille d'or...
La journée se termine par le bain de vapeur : dans le jardin une cabane en rondins, une chaudière, la vapeur brûlante et des casseroles d'eau froide pour s'asperger – des autochtones vont se rouler dans la neige... La Russie très profonde comme chez Gorki.

Pouchkine
Mendeleief
Pavlov
Lomonosov

St Pétersbourg

An deux mille un :
Vieux soldat, devant le palais des Tsars, qui nous
joue la "Marseillaise" pour gagner quelques ko

Saint-Pétersbourg.

Un ex-soldat de l'armée Rouge joue
La Marseillaise devant des touristes
français pour gagner quelques kopecks.

Visite d’un monastère.

Embarquement des
chevaux caparaçonnés.

février 2001
longitude est 38°
latitude nord 60°
θ = -28°

La troïka pour
les non-cavaliers.

Saint Pétersbourg
La Baltique gele
Le Port

Ombre portée

OCEAN
Viana do Castelo
Lima
Ponte de Lima
MINHO
Vila Verde
Barcelos
Esposende
Amares
Braga
Vieira do Minho
Montalegre
1527
Boticas
Venda Nova
Trancoso
Sertã
Proença-a-Nova
Leiria
Batalha
Nazaré
Fátima
Tomar
FARILHÕES
Alcobaça

Portugal

Alentejo, au-delà du Tage, dans la montagne où l'eucalyptus géant, le pin maritime, le pin parasol remplacent hélas trop souvent le chêne-liège, un Irlandais élève les lusitaniens reconnaissables au fameux chanfrein busqué. Nous chevauchons dans les forêts de la Sierra de Tercal, et, sur les plages atlantiques, c'est l'*extended canter*… Il y a aussi le dressage dans la carrière de Milfontes.

O cavalo de Lusitania : ce cheval est polyvalent ; on peut l'atteler et le monter même en haute école. Il a un dos court, fort, des hanches souples. Sa puissance donne à toutes les allures du « vibrant » et de la grâce. Il a un caractère volontaire, dévoué, avec sang chaud et bonne volonté naturelle et maniabilité.

Notre éleveur les veut parfaits ; perfectionniste, il leur donne des comprimés de sel en cours de route, leur interdit de boire dans les rivières ; chaque cheval a sa propre serviette de pansage. Le guide veut qu'on utilise un seau renversé pour ne pas risquer de tourner la selle ! Je m'y refuse, bien qu'à mon âge… et je pense maintenant qu'il me faut visiter les Afrikaners, les Australiens, les Camerounais, les Lapons… les cavaliers bien sûr.

ci-dessus
Élevage de lusitaniens.

à droite
Alentejo, au-delà du Tage,
Milfontes.

Alentejo.
chêne liège
eucalyptus
pin maritime
pin parasol

sous les eucalyptus

Sheila

sitting trot rising trot
collected canter
withers
girth stirrup spurs wither
mane ≠ mare foal gelding yearling
arena

L'éleveur de Milfontes est irlandais.

Potra de tres anos

Léona
Louga
Lagbar
Thilogne
Yang-Yang
Pikine
Rufisque
Tionk Essil
Bignona
Marsassoum
Kolda
Dabo
Kounkané
Simenti
Diogue
Ziguinchor
Oussouye
Sare Ndiaye
Wassadou
Boundou
PARC
DU NIOKOLO-KOBA

Sénégal

Nakasoubassi, c'est bonjour au Sénégal.

On nous prévient : nos montures, très maigres apparemment, sont en très bon état ; en effet, nous montons aux allures vives malgré la température jusqu'au crépuscule. Cependant à la sieste, à l'ombre, les palefreniers les ont douchées avec des seaux d'eau tirés du puits.

Et nous parcourons les cultures, c'est la récolte des mangues. Les paniers sont emmenés dans des carrioles attelées à un cheval.

Les salines : sous le soleil, des femmes en haillons, jambes et bras nus, descendent dans des cônes taillés dans le sable et remontent avec des paniers pleins de saumure qu'elles versent en tas. Le spectacle est si poignant que personne n'ose sortir un appareil photo.

Sur l'Atlantique les filets sont tirés sur la plage, ils sont si lourds que l'on a rejeté à la mer un surplus énorme. Plus loin, sur des aires, les poissons, après passage dans des fours, vont continuer de sécher au soleil, cela sent fort mais que de protéines !

En flânant je rencontre un homme au langage si raffiné... C'était le secrétaire de Senghor à Paris.

Un coup de torchon ; nous nous réfugions dans les cases avec un crapaud, la cour est devenue une mare, et demain le soleil aura tout bu.

La traversée de la mangrove dans l'eau du delta du Saloum jusqu'au garrot, le bain du cheval dans l'océan, la sieste à l'hôtel baobab, les nuées d'oiseaux à l'infini, calaos, aigrettes, rolliers, pélicans, flamants, les tapis de crabes violonistes (une grosse pince et une petite), le vin de palme, le barracuda à l'étouffée, la sauce *vasimolo*, la danse ventilateur, et surtout l'accueil, la joyeuseté dans les villages, et dans le couvent de bonnes sœurs où nous laisserons crottin et nostalgie.

novembre
2001
Nakasoubassi
Sénégal

ci-dessus
Baignade dans l'Alantique.

à droite
Traversée du delta Siné Saloum.

saloirs
θ = 40°

à gauche
Sur le fleuve.

ci-dessus
Hospitalité des villageois.

Sénégal

crépuscule sur l'Atlantique

Notre hébergement
dans des cases peintes.

ci-dessus
Crabe violoniste, par myriade sur le sable.

ci-contre
Nuées d'oiseaux : rolliers, pélicans, ibis, etc.

ci-dessus
C'est bien notre guide
qui se retourne.

ci-contre
Tamarin au bord de la mangrove.

El barco de Ávila
Villanueva del Fresno
Ferreira do Alentejo
Beja
Rio Guadiana
Moura
Jerez de los Caballeros
Zafra
Rio Zújar
Aljustrel
Serpa
Peñarroya-Pueblonuevo
Castro Verde
Rosal de la Frontera
Aracena
Llerena
Fuente Obejuna
Sanlúcar de Barrameda
Morón de la Frontera
Campillos
Arcos de la Frontera
Antequera
El Puerto de Sta María
Jerez de la Frontera
Cádiz
Ronda

Espagne

En Espagne, il y a l'Andalousie et le cheval andalou qui trotte sur place pour la parade ; il peut aussi vous emporter dans la Sierra de l'Alpujarras, à travers les villages pimpants dont les orangeraies à l'abandon servent d'écuries et de terrain de camping.
Nous sortons d'un canyon trop étroit, en grimpant sur une paroi plus favorable. Silence, un par un, col et chemise fermés : nous longeons une rangée de ruches ! Une seule piqûre d'abeille nous aurait projetés dans le ravin…
La tempête, l'orage dû au Niño qui perturbe la mousson ; pas question de planter la tente, nous dormirons dans la chapelle, les chevaux dans les écuries du cortijo de Turrilios, passées à la chaux, luxueuses. Il y aura la course endiablée le long de la plage méditerranéenne, les chevaux dans l'eau jusqu'au poitrail…
Il y a la Catalogne où l'on élève la pure race espagnole – *pura raza epagnola* ; à Vilanova i la Geltru, les poulains sont là, prêts pour le débourrage. Derrière le monastère d'Aigua-Murcia, les vignes de « cabernet châteauneuf », les coquelicots et la chaîne du Montserrat.
Il y a la Castille.
Au-delà d'Avila, la montagne n'a plus guère de paysans, c'est donc la liberté pour les cavaliers. La tempête de sable, comme en Afrique, nous enveloppe aussi mais, à l'étape d'Hoyorrodondo, le miraculeux tuyau d'arrosage va doucher toute la compagnie, chevaux d'abord, cavaliers ensuite.
Et puis toutes les autres Espagne à venir.

ci-contre
On s'arrête pour déjeuner.

page de droite
La bourgade de Vilanova, on dort chez l'habitant..

Vilanova - crépuscule -

ci-dessus
C'est l'averse…

page de droite
Mais ce soir, bivouac sous les palmiers.

Bailaora

de Grenade à Almeria 5/98

Cortijo, écuries en plein air.

à droite
Un abreuvoir dans la montagne andalouse.

Dans un petit bistrot de Madrid,
demandez du vermouth *al grifo* !

Žualy
Kenes
Ojtal
Kürpül dök
Sretenka
Sokuluk
BISKEK
Külan
(Lugovoe)
Merke
Kajyndy
Belovodskoe
M39
Šopokov
Modern
Capital
Museums
(Frunze)
Kogeršin
60
Kara-
Balta
Ak-
Suu
Mountaineering
Camp
Ciagarin
Tatyr
Hot
Springs
KAZAKHSTAN
KYRGYZSTAN
3578
Sosnovka
Mountaineering
Camp
Tül pan
Pik Zap
Alamedin
4875
4441
4446
Mountaineering
Camp Ala-arča
Aral
rive du Son kul lac alt 3.000
Torkent
Sarybalun
3793
Lake
Toktogul
114
Ketmen-Töbö
Burakan
Kekemeren
4185
Min-Kuš
M41
Hydroelectric Dam
2991
Kara-Köl
4351
Žangalačhigu
3754

Kirghizstan

Piémont de l'Himalaya, la montagne de Tian Shan, frontière chinoise, 4 000 mètres, + 30 °C ; je tire, à pied, mon cheval essoufflé pour atteindre la crête. L'orage avec la grêle : les nomades nous hébergent pour la nuit, le poêle à bouses de vache rougeoie.

Je ramasse dans un torrent du bois, allume un feu… de très loin les cavaliers-bergers kirghizes accourent dans la nuit, intrigués par un feu, et bientôt notre cercle autour du feu est ceinturé à son tour de cavaliers dont les visages asiates sont éclairés par les flammes : nous ne sommes ni russes ni chinois mais cavaliers d'ailleurs, alors leurs farouches visages s'extasient…

Étape près des yourtes, pied à terre, le chef de tribu m'invite à la place d'honneur – j'ai les cheveux blancs du patriarche – dans la yourte, il me fait l'offrande traditionnelle du gras de mouton froid, dans le creux de sa main.

La nuit sera sévère – août – en plus des duvets, on nous prête des manteaux d'Astrakan – les moutons caracul partout alentour – 4,5 millions de Kirghizes et 3,6 millions de têtes de bétail.

Le grand guide russe s'éloigne avec son fusil, il reviendra avec une loutre et en fera un excellent ragoût.

adolescents kyrgyz

ci-dessus
Au pied des contreforts de l'Himalaya
à la frontière chinoise, les bergers récoltent
le lait de jument à grande échelle.

à droite
De jeunes Kirghizes curieux.

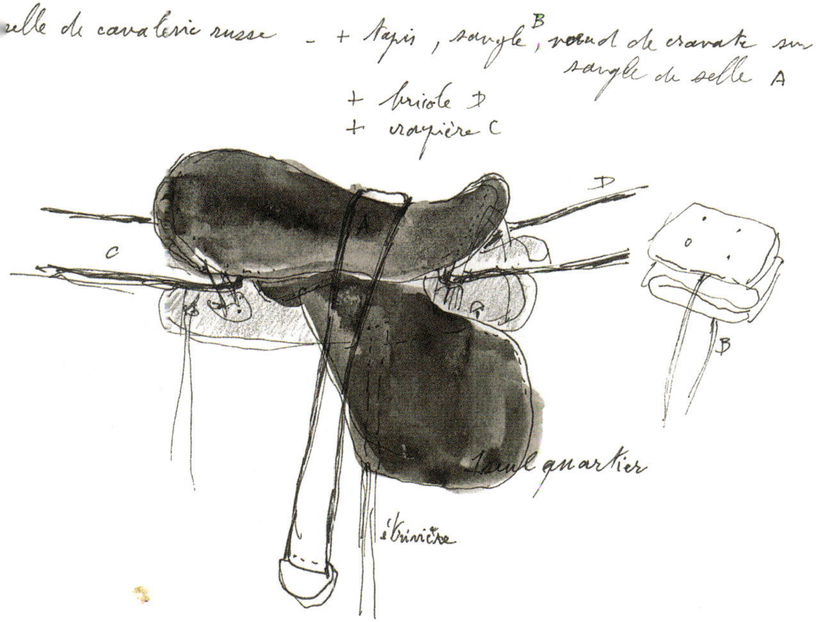

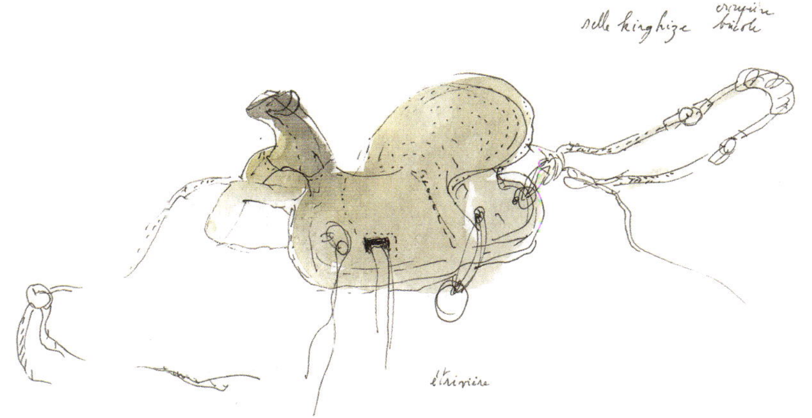

ci-dessus
À l'étape, le guide part chasser
la marmotte.

ci-contre
Deux types de selle,
la russe et la kirghize.

jeune kirghize au col de 3.500 m.

avec autres portraits

avec autres portraits

grand'père et petit enfant (un peu) musulmans

Rotfront :
vers 1920, après la boucherie de 14-18, des Baptistes allemands viennent s'installer
aujourd'hui la moitié de la bourgade est germanophone, enfants blonds.

haute vallée à 2000 m.
on laisse sécher les montures avant de desseller.

La transhumance ; à la fin
de l'été, les troupeaux
redescendront dans les vallées.

– cité celesti ? non
– cimetierre !

traite de la jument, le poulain est couché à côté.

ci-dessus
Traite de la jument.

page de gauche
Cité céleste ?
Non, c'est un cimetière.

La Corne d'Or
juillet
deux mille
cinq
İSTANBUL
Çorlu
Tekirdağ
Keşan
Gelibolu
Marmara Denizi
Sea of Marmara
Yalova
İzmit
(Kocaeli)
Adapazarı
Düzce
Çanakkale
Edremit
Mitilini
Bergama
İZMİR
Eskişehir
Afyon
Bolvadin
Akşehir

Turquie

Katpatuka = Cappadoce = pays des beaux chevaux.

La randonnée à travers de hauts plateaux maintenant irrigués par d'énormes tuyaux révèle de riches cultures de céréales, des champs de fraises en openfield ! D'immenses troupeaux, le cheptel turc dépasse celui de toute l'Europe… Après une sieste au soleil nous plantons la tente. Le lendemain, au réveil, la neige. Les chevaux tremblent malgré leurs énormes couvertures. Je tarde à sangler avec les doigts gelés, j'ai hâte de faire marcher mon cheval pour le réchauffer. Dans la nuit le guide est sorti faire la ronde, les chevaux à 50 mètres ; il n'est pas allé plus loin car, dit-il, il n'avait pas de fusil ! En effet les loups rôdent ; les chiens de bergers portent des colliers hérissés de pointes de fer pour se défendre et attaquer les loups. Cette petite église romane a été le berceau de l'orthodoxie, mais c'est maintenant une mosquée, vide.

Dans la mer de Marmara, il y a une île où est interdit tout véhicule à moteur ; toute l'activité se fait à cheval, et en « phaéton » ; on fixe du caoutchouc sous le fer du cheval pour atténuer le bruit de cette cavalerie sur le pavé.

En Cappadoce, le cheval nous mène dans des villages inabordables autrement. Chaud, très chaud, mais des fontaines partout ; c'est la récolte des abricots, il suffit de tendre la main dans les chemins. Nous dormons dans les cavernes. Les multiples églises monolithes conservent leurs fresques, des villes souterraines sont à explorer. Le guide me confie sa jument que personne que lui n'a montée – quel honneur – il me donnera son trophée en cadeau supplémentaire. J'essaye avec mon feutre de garder en mémoire – éblouie – les beaux chevaux.

Fresque chrétienne.

Nourten "Teinte de lumière" barbe de Cappadoce

ci-dessus
Au café, il n'y a que les hommes.

à droite
La Cappadoce avec ses villages troglodytes (étym. : *qui entre dans des trous*).

crépuscule du matin

À l’abreuvoir.

Les phaétons, voitures à cheval ;
pour éviter le bruit, les fers des
chevaux sont doublés de caoutchouc.
Les autos sont interdites.

Ile de Büyükada dans le Bosphore,
embarcadère.

ci-dessus
Culture de la vigne
dans la vallée des monastères.

ci-contre
De la vigne, des peupliers
et des tamaris.

page de droite
Récolte des abricots.

page de droite, à droite
Pied à terre pour ce raidillon.

récolte des abricots 7-2005

25-12-2004
Costa-rica
café "Tres generaciones"
café "Brit"
800-1500 m,
low-roast en grains
océan pacifique
coffea arabica

Costa-Rica

Les zébus ont des oreilles de cinquante centimètres de long, roses ; Adémar a mis ses superbes chevaux aux airs d'école sans embouchure aucune ; il fait des nœuds bizarres sur le licol – jamais réussi à l'imiter. La forêt équatoriale, très protégée – pas question de cueillir une fleur – n'est pénétrable qu'à cheval ; les singes ricanent dans les cimes d'arbres géants, les paresseux dorment dans les fourches.

Existe-t-il un autre pays sans armée, *vida pura* dit Adémar, le gentil cow-boy – authentique – mais capable de vous faire une démonstration de haute école, le « pas espagnol » ? Les chevaux sont les descendants de ceux amenés en 1535 d'Espagne, les meilleurs de ces temps lointains grâce à l'apport de sang barbe. Abandonnés à leur sort après le départ des Espagnols, ils retournèrent à l'état sauvage, traqués par les Indiens et les fauves. La sélection naturelle a joué à fond.

Aucun dialecte indigène en Amérique n'a de mot pour désigner le cheval. Il s'agissait bien des premiers chevaux d'Amérique. Ce soir, bain dans le Pacifique et après-demain dans la mer des Caraïbes.

collier de chasse
selle "western", sangle "noeud de cravatte"

double page
Dans la forêt équatoriale.

étrangleurs"
neigeuse
-cloche

rocouyer

Guanacaste

rancho de Oropendola

mangrove
côte pacifique - mangrove

10-2005
Ombrie
cabane des charbonniers

*I*talie

La forêt des charbonniers, le chemin dei briganti, les ravins profonds, et le site archéologique de Vulci, métropole nécropole d'une civilisation mystérieuse, dont l'écriture reste indéchiffrable : les Étrusques. L'archéologue – cavalier – nous conduit sur le site immense, plusieurs dizaines d'hectares, inabordable autrement ; là les mosaïques sont souterraines, nos montures nous attendent à l'ombre. Là un dignitaire étrusque a été enterré avec ses chevaux, les squelettes en témoignent. Là nous dormirons dans une cabane de charbonniers. Là, près du château-musée, nos chevaux sont à l'abri du soleil, ce qui nous force à la sieste dans la paille. Là au réveil, devant la tente les sangliers se sont emparés de nos bottes et ont commencé à les grignoter…

Le cheval nous emporte dans la géographie et l'histoire et nous constatons que la campagne – l'Andalousie, la Norvège, l'Ombrie – est de nouveau vide d'hommes, que la végétation referme les passages, et que les cavaliers deviennent des explorateurs à quelques heures de nos capitales occidentales.

Roma

Butteson

ci-dessus
Peinture étrusque, ve siècle av. J.-C.

ci-contre
Site archéologique de Vulci.

Je note la recette
d'une liqueur
que je ferai à Paris.

ci-contre
Cuisine villageoise.

page de gauche
Orvisto.

Bøvågen
Bergen
Telavåg
Kopervik
Boknafjorden
Sandnes
Egersund
Flekkefjord
Farsund
Lindesnes
Mandal
Lillesand
Grimstad
Arendal
Kristiansand
Strömstad
GÖTEBORGS
OCH
Säffle
Hallsberg
Örebro
Köping
Ludvika
Säter
Falun
Bydalen
Støren
Florø
Askvoll
Svelgen
SOGN

Norvège

Le cheval permet de passer partout,
là où la végétation arrête le piéton, là où la société
a disparu, et là où il n'est pas poli d'aller voir
peut-être...

Il y a des lacs partout, entourés de montagnes parfois abruptes : il faut mettre « pied à terre » et marcher en tenant la jument. Le goulet est si étroit, elle va me marcher sur mes pieds délicats ! Je me mets en dernière position, lâche les rênes et saisis la queue de la jument qui me tire aisément vers le sommet.

La Norvège n'a plus de petits paysans ; leurs greniers, petites constructions en bois, servent de refuge aux voyageurs ; leurs petits chevaux ont disparu comme les rennes ; nos montures, « modernes » permettent de galoper dans les lacs... mais où sont les Norvégiens ?

Mais le cheval, grand animal farouche et silencieux, nous emporte dans la montagne où juillet ne connaît presque plus la nuit.

C'est à partir de ce petit pays prospère que la face du monde a changé au moins deux fois : en 986 (!) le Viking Bjarni Herjulfson a exploré la côte de l'Amérique du nord ; puis naguère les Norvégiens ont fait sauter l'usine d'eau lourde dont s'étaient emparés les nazis, et coulé le bateau qui emportait le stock en Allemagne. Et aujourd'hui ce petit pays prospère nous donne Edward Munch, Ibsen et le saumon et les langoustines qui couvrent ce soir la table de trois mètres de long.

M. Ingvald Godal

ci-dessus
Les greniers des fermes, des cabanes en rondins, servent d'hébergement pour les cavaliers.

ci-contre
Bas-relief sur le pont de Rjukan.

à gauche
Les épilobes à profusion atteignent souvent le garrot du cheval.

lac Toutak

ci-dessus
Dans les rues d'Oslo.

page de gauche
Gros chahut dans le lac Totak.

1.2007 Mexique
SENNELIER
GUANAJUATO
calle Tierras blancas
Topolobampo
ISLA SAN JOSÉ
SANTA MARGARITA
Tlahualilo de Zaragoza
San Pedro
Colonia
Parras de la Fuen
San Luis Potosí
León
REVILLAGIGEDO
ROCA PARTIDA
Manzanillo
Colima
Uruapan del Progreso

Mexique

Il y a un adage : pour « connaître » un pays,
il faut trois jours ou trois ans.

Nous, nous avons chevauché dix jours durant dans la montagne à l'ouest de Mexico, et nous avons vu les Indiens, au bord du lac, près du feu : ils avaient disposé des chaises pour les grands-mères – ils sont restés distants ; nous avons vu le petit cheval élégant du paysan qui laboure son lopin de terre pour le maïs, un autre ramenant le bois pour la chaumière, un autre attelé au débardage… Nos montures, magnifiquement mises à la « basse école », sortant des nobles écuries de la Finca, nous ont transposés dans le grand siècle espagnol, dans un autre monde sociologique et historique. Je porte à cheval un *paban* (poncho) en laine de lama. Un palefrenier armé d'un long bâton ferré était chargé de ramasser tout plastique polluant la nature, sans mettre pied à terre – et le maître allumait le feu en ventilant avec son grand sombrero…

Déjeuner de tacos chauds avec des sauces savantes, des légumes et des fruits inconnus – mais pas de café ; alors je me chauffe de l'eau dans une boîte de bière vide sur les braises, café en poudre et prêt à seller… Dans la montagne, les chevaux restent dans une clairière, nous poursuivons à pied à travers une végétation très dense et en silence. Soudain le soleil est caché par un nuage de papillons : les arbres, espèce ne poussant qu'ici, servent d'aliment aux monarques, papillons larges comme la main, ocres et bruns éclatants, ils viennent du Canada ! J'en ramasse par terre, morts, les range dans un livre. J'apprendrai au retour que l'exportation est totalement interdite. Je retournerai au Mexique, si la prochaine révolution le permet.

page de gauche
On décharge la mule.

ci-dessus, à gauche
Charge de bois.

ci-contre
Débardage.

Grand coup de vent
et grand galop.

Préparatifs dans la *finca* (ranch)
de Valle de Bravo.

ci-dessus
Les bougainvilliers
et les poinsettias.

ci-contre
On remet un fer.

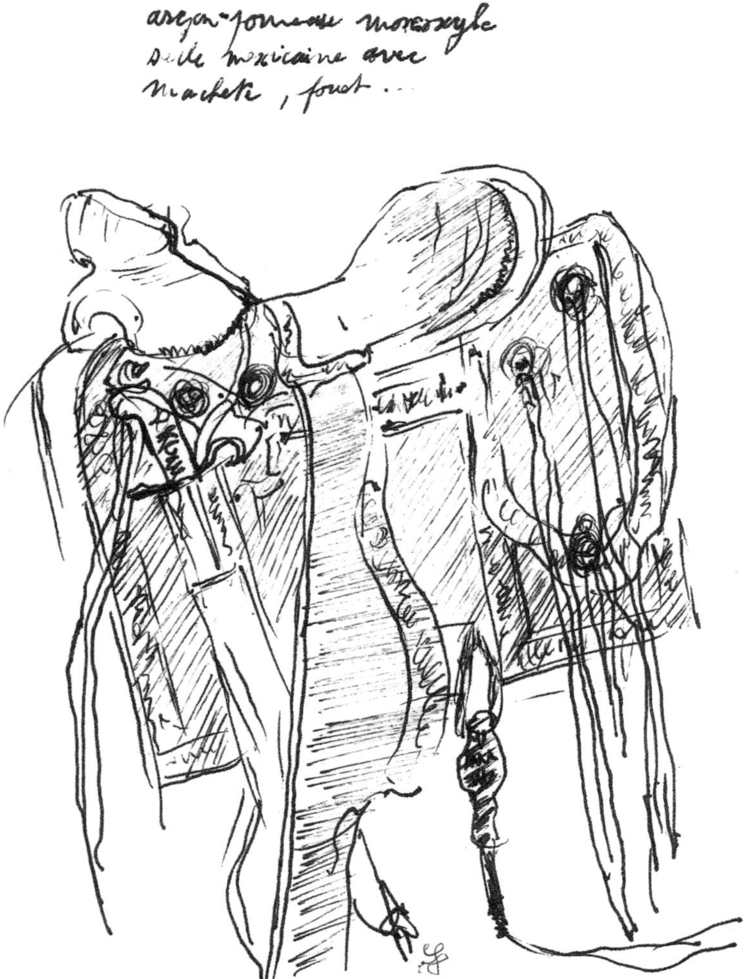

ci-contre
La sellerie de la maison Enyhe
est digne d'un grand musée.

page de droite
Sortie par le grand porche.

Finca Enghe

Sommaire

Et maintenant,
je prépare mon paquetage
pour les Carpathes...

Conception graphique
Gaétan Nocq

Photogravure
EG Atelier
Ivry-sur-Seine

Impression
Eurografica
Vicenza

Achevé d'imprimer
en septembre 2007